文芸社セレクション

ためしてみたら東大合格

ウソみたいなホントの成長記録

岡 桃枝

OKA Momoe

文芸社

ためしてみたら東大合格

ウソみたいなホントの成長記録

目次

はじめに

このお話は「随筆」ですが見方によっては「私小説」であり、また成長の「記録」でもあります。もともと私は小さな子供が大嫌いでした。子供はうるさくて憎らしくて汚い動物だからです。しかし、どんな子も生まれつきうるさくて憎らしくて汚いわけではありません。子の性格は親の遺伝子ではなくて育つ環境を反映して身についていくものです。その点に注目して成育に着手すれば、興味深いデータが得られるのではないかと時々考えることがありました。この仮説を自分の手で証明してみたいと心が動くことはありました。しかし、今更結婚なんてまっぴらごめんですから、妄想はここで止まっていました。

時は流れ、20世紀も残りわずかになった頃、私は研究の仕事を辞めて高齢の両親と暮らすようになりました。これを契機にかつての仮説が脳内復活し、

「今なら可能」と大合唱を始めました。目の前に迫る介護と予測不能な育児の同時オペレーションは無謀以外の何物でもありませんが、持論を証明するチャンスと捉える「もう一つの人生」の魅力の方が勝っていたのです。こうして、40代半ばで独身の私は初めてママに挑戦するという私的プロジェクトを開始しました。具体的にどんな手段で出産に至ったかは別の機会にお話しさせていただくことにして、ここでは23年にわたる驚きの子育て実験結果を報告したいと思います。

「せんそうはやめて」

離乳食を始めた頃の出来事でした。娘の右手に赤ちゃんせんべいを握らせたところ、本人はそれを口元に運ぼうと何度も試みるのですが、せんべいは鼻の下や頰っぺたに激突して床に墜落してしまいます。試しにせんべいを左手に握らせてみると、まるで別人のようにスムースに食べるではありませんか。この時、私は彼女が左利きであることを知って嬉しくなりました。他の子と同じじゃない最初のアイデンティティ発見です。

私自身記憶にはないものの、長年生きてきて元は左利きだったのではないかと感じることが度々ありました。昔は右利きに矯正するのが当たり前だったのです。ですから、私は娘の左利きを大いに認めてあげることに決めました。それにしても右手がアホ過ぎて笑えました。

娘は祖母（私の母）が声楽の練習のためにピアノの前に立っているのを見て「ピアン」と呼び、いつも抱っこしてくれる祖父（私の父）を「ダッキー」と呼ぶようになりました。なかなか洒落《しゃれ》たネーミングセンスです。二人ともこの呼び名をたいそう気に入り、それぞれにこの世から旅立つ日までピアンとダッキーであり続けてくれました。

さて、話は戻りますが、この祖父母との日常会話が娘の語彙力を飛躍的に伸ばしてくれたのです。娘はピアンとおしゃべりしながらテレビドラマ「相棒」や「暴れん坊将軍」を鑑賞し、ダッキーと毎時流れるＮＨＫニュースを見るのが日課となりました。就寝前の夜10時台のニュースは政治・経済・社会から海外の出来事やスポーツに至るまで、理解できるかどうかにかかわらず私と一緒に毎晩見ていました。難解なテーマが含まれる時には9時台と11時台のニュースも参考にしました。こうして2歳半から3歳ぐらいになると、娘は飽きてしまうことなく、知らない用語について私に意味を問うようになりました。娘の「知りたい」気持ちが芽吹き始めたら、もうこっちのものです。次に個々の話題が投げかける問題について考える習慣をつければ、「どう思うか」をディスカッションする方向へと誘導するのはそれほど難しいことではありませんでした。ただし、この段階では娘の脳細胞は無防備な発芽状態ですから、私の意見の押し付けにならないよう注意が必要でした。何故なら、一緒にいる人の言動が最も抵抗なく子供に刷り込まれる大切な時期だからです。

この「お手軽家庭教育」の成果と思われる印象的な出来事がありました。それは２００１年のことでした。９月11日にアメリカ合衆国で発生した同時多発テロ事件のショッキングな映像に続いて、連日のように報道されるアフガニスタン紛争のニュースを娘は悲しそうに見つめていました。私たちが何の心配もなく暮らしている日本から遠く離れた場所で沢山の人々の命が奪われ、自分と同じ年くらいの幼い子供たちが危険にさらされて泣いている現実をほぼ理解しているようでした。

それから2年近く経った頃、通っている幼稚園でオリンピックごっこがおこなわれた時のことです。娘は折り紙で作った金メダルの裏に「せんそうはやめて」と自発的に書いて、その場に居合わせた園の先生方を驚かせました。中東で延々と続く戦闘に巻き込まれた人々の鬼気迫る映像に日々心を痛めていた娘は、オリンピックが平和を象徴する祭典であることを知り、自分の気持ちをメッセージとして発信することを思いついたのでした。

ちなみに我が家では、いわゆるバラエティーや歌番組は年末年始などの特別な機会にだけ見ることにしていたのですが、後年、大学生になった娘から言われたことがあります。

「歌番組やバラエティー嫌いのママが時々ワタシと一緒になって『Mステ』や『関ジャム』とか見ているのって、なんか不思議な感じがしてホッとする」

『しまった、やっぱりそう思われていたのか……』と思い、私は娘に尋ねました。

「子供の頃バラエティー番組とかもっと見たかったの？」

娘は「べつに」と、笑顔を見せて言いました。

「だってママは『毎日が実験だ！』って言ってた。おかげでうちにはバラエティーなんかよりもっと面白いことがいっぱいあったからね」

娘の優しいフォローを受けて、私は身を乗り出して訊きました。

「それじゃ、次に来そうなミュージシャンは誰か、大学生としての推しは？」

「藤井風だね」


幼い頃の娘が「視聴を禁止されていなくても、ママが嫌いな番組だから」見ないようにしていたことに私は初めて気付いたのでした。ただし、娘は好きな音楽を自由に聴くことができる環境にいましたから、私の悪影響は結果的に最小に留まったようです。今となっては、何も言わずに受け入れてくれた寛大な被験者に感謝です。

コーラ事件

テレビ番組と同様にゲームも禁止していたわけではないのですが、娘はゲーム機を特には欲しがりませんでした。何故かというと、ゲームよりも面白そうなことを私が次々に提案していたからです。私は職を退いた後で時間の融通が容易だった点を活かして、娘をほぼ一日中「おかあさんといっしょ」状態の中に置くことができました。絵を描き、歌い、ダンスし、お菓子を作り、声に出して本を読み、ロールプレイングを楽しみました。娘は自分でストーリーを考え、役柄を設定して私に共演をリクエストすることもありました。白雪姫ごっこをした時、毒リンゴを売りに来た老婆役を仰せつかった私が調子に乗って迫真の演技をしたところ、娘が震え上がって泣きながら逃げ出してしまった一幕は今でも我が家の語り草になっています。また、娘は質問者と回答者になりきってのインタビューごっこが大のお気に入りでした。これは毎日見ていたテレビニュースの影響かもしれません。

とは言っても、卒園が近づく頃には娘も人並みに「たまごっち」や人気のゲームに興味を示すようになりました。私はせがまれたら買ってあげるつもりだったのですが、娘は私に「買って」とは言いませんでした。その時、娘の頭にはある戦略が出来上がっていたのです。後になって娘は私にその作戦を聞かせてくれました。

「友達の家に遊びに行った時には公園に行ったりみんなでゲームしたりするのがすごく楽しいから、それで満足だったの。あの頃ワタシが『ゲーム機が欲しい』って言ったら、ママは買ってくれただろうけど、ワタシが『本が欲しい』って言った方がママは喜んで買ってくれると思った。だからママには本を買ってもらうことにしたの。本も大好きだから」

客観的分析に基づく恐ろしき作戦立案能力です。思えば、あの頃、毎週のように二人で書店を訪れては数千円分の書籍を買って帰ったものでした。それにしても、当時、娘に快くゲーム機を使わせてくれた優しい友人たちに感謝です。娘の計画は素敵な友達がいたおかげで成功したのですから。かくして、お年玉と小遣いを貯めて初めてのニンテンドーＤＳを手に入れた時、娘は小学３年生になっていました。そして、自らルールを決めて「今から30分間ゲームします」と宣言してリビングで楽しむようになりました。そのルールが10年以上経過した現在も生きているのは驚きです。

話は幼稚園時代に戻りますが、娘が友達の家に遊びに行った時の出来事です。そのお宅にはママたちもお呼ばれして別のテーブルでお喋りを楽しんでいました。皆で持ち寄った袋菓子を皿に出して、招待してくれたママが子供たちのために用意したコップにコーラを注ぎました。

もう一度言いますが、コーラです！

娘は炭酸飲料が大の苦手で、中でもコーラは娘にとって吐き出すほど嫌悪すべき飲み物なのです。私はコーラに気付きましたがそのまま何も言わず、娘の反応を観察することにしました。招かれた家で口に合わない物が出された時に娘がどのような対処をするか……これは実験者である私が試されていると考えたのです。

手を洗った5人の子供たちがじゃれあいながらテーブルのところにやってきて、口々に「いっただっきまーす」と、可愛らしい歓声を上げて一斉にコップに手を伸ばしました。そして娘も……。

『中身を確かめずに飲んだ！』

その瞬間、娘の楽しそうな笑みは吹っ飛んで顔の造作がすべて中心に集まったようなしょっぱい顔になりました。よそのお宅に招かれている立場を考えると、今起きている事態をどう収拾すればよいか、娘の小さな脳みそはフル回転です。私はコーラが噴き出された場合に備えて身構えました。

数秒後、娘は小刻みに身体を震わせてきつく目を閉じると、口の中のコーラをごくりと飲み下しました。それからコップを手にホスト役のママのところに歩み寄って小さな声で言いました。

「すみません。コーラ飲めないので……」

「あらっ、コーラ苦手だったの？　うちの子たちは大好きなもんだから、気付かなくてごめんね」

麦茶を注いだコップと交換してもらった娘は「ありがとう」と礼を述べてから子供たちのテーブルに戻っていきました。

『よーしっ、よくできました。私も合格だ！』

私はホッとすると同時にそっとガッツポーズをしました。

「ホントは気付いていたんでしょ？」

ホスト役のママが振り向いて、娘が口をつけたコーラを私に手渡しながらそう言いました。私は肩をすくめて笑みを返しました。

「ユニセフ」は素敵なおまじない

現在の娘は大学で国際関係論を学んでいます。振り返ってみると、その進路のコーナーストーンとなったのは、今から20年近く前、娘が3歳の時に私の叔母からプレゼントされたユニセフ（unicef）の紙製の知育玩具でした。それは1から10までの数がカラフルなイラストで描かれた箱を順番に重ねていくシンプルな作りでした。小さな娘はそのおもちゃをたいそう気に入って、毎日のように遊んでいました。

するとまもなく、娘はテレビのニュース映像や印刷物の中に鮮やかなブルーに浮かぶunicefの6文字を見つけて反応するようになりました。アルファベットやその言葉の意味は知らなくても、好きなおもちゃのロゴマークとして記憶していたのでしょう。私は「ユニセフ」と声に出して言いながら、期待を込めて紙にその6文字とカタカナ4文字を書いて見せました。ところが、娘は私が書いた字の上にぐちゃぐちゃとでたらめな線を描いてしまいました。文字であるとの認識がまだないのです。

意外なことに、パソコンのキーボードでunicefと唱えながら打ち込んで、画面にその6文字が現れると、娘は俄然興味を示しました。どうやら文字であることを理解したようです。考えてみれば、アルファベットは26文字しかありませんから50音よりもはるかにシンプルで親しみやすかったのでしょう。

これを機に、私たちはパソコンを使って遊ぶようになりました。キーボード上の文字並びは初心者には理不尽ですが、それがかえって面白かったようで、娘は小学校入学時にはスローテンポながらローマ字入力で「ひらがな」を打てるようになっていました。こうしてブラインドタッチ（手元を見ずにタイピングする技術。タッチタイピングとも言う）ができるようになったら、あとはオンラインでタイピングゲームを利用して正確さとスピードを遊びながら楽しく身に付けることができました。ちなみに娘は二十歳を過ぎた今でも暇つぶしにタイピングゲームをするのが好きです。悔しいことに、いつの間にか私よりもずっと速くなっています。

小学3年生になると、娘の興味はUN繋がりのUNHCR（難民高等弁務官事務所）や国境なき医師団へと広がり、その活動についてパソコンで検索するようになりました。そして、インターネットで見つけたグローバルフェスタ（年に一度開催される日本最大級の国際協力イベント）に参加した娘は、世界各地で紛争や飢餓に見舞われた人々の困窮を知ると、人の役に立つ仕事がしたいと言い出しました。「具体的にどんな仕事？」と問うと、娘は真剣な表情で言いました。

「消防士さんとかパン屋さん、郵便屋さんもいいな」

小学生らしくかわいらしい答えが返ってきました。その理由を翻訳すると、助けが必要な国に駆けつけた消防士さんは破壊されたインフラを立て直し、パン屋さんは飢えの不安をなくし、郵便屋さんは通信を確保して情報弱者を助けるのだそうです。これは驚きでした。小さい頃からたくさんのニュース映像に触れてきた効果が現れたようです。

そうは言っても当時まだ10歳ですから、将来の夢は一時的なものであって成長に伴って変遷するものと思われました。ところが、娘は自分の人生設計がよほど気に入ったらしく、中学・高校と進むにつれて「夢」は「目標」となり、その実現に向けて具体的な道筋をつける努力を始めたのです。一直線に進む娘に対して、母親としては感謝しかありません。どう考えても上手くいき過ぎで信じられない思いに駆られながらも嬉しくて、私は毎朝ひたすら娘の弁当を作りました。

思えば、あのユニセフのおもちゃがすべての出発点でした。

なんちゃって「お受験」物語

昭和30年代に小学1年生だった私は今どきの教育がどんなことになっているのかをまったく知りませんでした。そもそも、娘に必要と思われることは私自身が教えるつもりでしたから、正直なところ学校には興味がなかったのです。しかし、ピアン（私の母）とダッキー（私の父）からは、たった一人の大切な孫娘なのだから、ドアツードアで送り迎えできる私立小学校に入学して欲しいと強く頼まれてしまったのです。平成15年前後は幼い子供が巻き込まれる事件の報道が多く、祖父母の心配も尤もなことと思われたので従うことにしました。学費は現役時代の貯えを充てることにしました。旅行やブランド品に興味がなく、長く独身の実家暮らしを続けてきたことが初めて役に立つことになりました。

旧浦和市の家から一番近くて宗教色のない私立小学校を探したところ、大宮から少し北に2年前に開校したばかりの1校しかないことが分かりました。始めは気乗りしなかったのですが、娘を受験させることにしたのは、その学校が英語イマージョン教育（国語以外の授業をすべて英語でおこなう）を取り入れていることを知ったからでした。かつて米国の国立研究機関で働いたことがある私には英語で苦労した経験があります。仕事の現場でいちいち英訳していたのではディスカッションのテンポについていかれません。私が発言しようとすると議論に急ブレーキがかかってしまうのです。周囲の理解も含めて、それを克服するのに数か月を要しました。ですから、日本の学校では「英語を教える」よりも、理科や社会科などの各教科授業を「英語で教える」のが理想であると常々考えていました。こうして「英語で考える脳」を育む英語イマージョン教育に俄然興味が湧いたのです。

しかし、そうなると「お受験」という関門を通過しなくてはなりません。聞くところによると、小学校入試のための塾まであるというではありませんか……いやはや大変な時代になったものです。幸か不幸か入試時期が迫っているので選択の余地なく、得意のぶっつけ本番ということになりました。

試験当日、会場入口で子供に体操服を持たせるように指示された時、私は周りの受験者親子を見て血の気が引きました。全員が申し合わせたように手作り風の紺色のレッスンバッグに体操服を入れて子供に持たせているのです。私は慌てて自分のトートバッグから娘の体操服を出して、偶々《たまたま》持っていたエコバッグに入れました。それを娘に手渡しながら言いました。

「ごめんね、こんな買い物袋しかなくて……」

「ぜんぜん平気、心配しないで、大丈夫だよ」

そう答えた娘は子供たちの列に加わり堂々と歩いて行きました。見送る私の頭の中には『落ち着きが必要なのはママの方でした』との垂れ幕が下りてきました。

そして、最も驚くべきことが起こりました。それはいきなり本番となった親子の面接試験での出来事です。

「得意なことは何ですか？」

問われた娘は「英語が得意です」と答えました。初耳だった私は不安になりました。英語の絵本を読み聞かせることはありましたが、特に英語を教えた認識がなかったからです。すると試験官は次の言葉を発しました。

「では、英語で自己紹介してみてください」

そらっ、きたぞ！　相手が5歳児だろうと情け容赦ありません。実際、自己紹介の意味すら危ういのですから、親は冷や汗ものです。

ところが娘は「マイ　ネーム　イズ　○○」と、自分の名前を答えただけで『もうこれで十分でしょ』と言わんばかりにっこりしたのです。すると試験官もにっこりして別の質問に移りました。

「将来は何になりたいですか？」

「ピアニストになりたいです」

すまし顔でそう答えた娘の隣で、私は気絶しそうでした。何故なら、娘にはピアノを習った経験はなく、ピアノの鍵盤に触ったことすらないのですから。

すると案の定、次の質問が飛びました。

「好きなピアニストの名前を言ってください」

娘が演奏家の名前を知るはずありません……もう絶体絶命です。

しかし、次の瞬間、娘は滑らかな口調でこう言ったのです。

「ピアニストの名前はわかりません。でも好きな曲はあります」

「その曲名は？」

「バッハのメヌエットです」

私は口から心臓がとびだしそうでした。いつの間に『バッハ』とか『メヌエット』とかの用語を脳みそに仕込んでいたのでしょう。

『この子は詐欺師の才能がありそうだ！』

とっさにそんなことを考えてしまうほど、私はお手上げ状態でした。もしここにピアノがあったら次に何が起こる……そう考えただけで寒気がしました。

そして、面接の部屋にピアノが置かれていなかったことを天に感謝したのです。

帰り道、手をつないで歩きながら私は娘に尋ねました。

「英語が得意とか、ピアニストになるとか……どこからそんな話が出てきたの？」

するとむすめは楽しそうに答えました。

「ワタシね、いつも朝の教育テレビで見てるようなことを言えばいいかなって、とっさに閃《ひらめ》いたの。今日、面白かったね。あの学校に行くことにした！」

なるほど、そうだったのか。娘にとっては大好きなインタビューごっこの続きだったようです。私はＮＨＫにも感謝するべきかもしれません。そして娘の予言どおり、めでたく合格したのでした。

勉強はディナーの後にリビングで

こうして私は6年間にわたり娘のアッシー君を続けることになったのです。送り迎えのために1日に4時間（片道約1時間）ほど奪われるのはかなりしんどいように思われますが、今振り返ってみると、これが私たち親子にとって大切な時間になったのです。

小学校入学を機会に娘は小学生新聞が読みたいと言い出しました。どうせ三日坊主に終わると予想されましたが、ここは本人の気持ちを尊重して購読することにしました。毎朝、ランドセルを後部座席に置いて、娘は新聞を片手に助手席に乗り込むようになりました。彼女は形から入るタイプのようです。

朝日小学生新聞には全文ルビが振ってあるので、運転中に漢字の読みを訊かれる心配がなかったのはありがたかったです。意外なことに、娘は新聞を読んでいるふりではなく本当に読んでいました。私は試しに「面白い記事があった？」と、声をかけてみました。娘は気になった記事をたどたどしく音読してくれましたが、これは読み手と聞き手の双方にとってストレスになり、長続きしませんでした。

　すると、娘は記事の内容を要約して話してくれるようになったのです。運転中の私に聞かせるために、小学一年生が脳みそを駆使してダイジェスト版をつくろうと試みたことだけでも驚きでした。私は「ありがとう、よく分かったよ。すごいね」と、その労を大いにねぎらいました。それから、本人の興味を削《そ》がないよう気を付けて足りない部分について質問を重ねました。このやり取りを何度か繰り返すうちに、５Ｗ１Ｈの重要性を教えることに成功したのです。

　調子に乗った私は、娘が目の前の景色を言葉でスケッチすることができるかを試してみたくなりました。信号待ちで止まった時に私は言いました。

「見える物や人を言ってごらん」

　すると娘は交差点をじっと見つめて答えました。

「ふにんちりょう」

娘は産婦人科医院の看板を読んだのです。それは、以前に何と読むのかを訊かれて私が教えたのでした。どうやら言葉による情景描写はまだ難しそうです。左利きの娘は視覚から入った情報を右脳優位で処理していると思われます。だとすると、左脳にある言語中枢を駆動するには間接的リレーが必要になります。このシステムを自由に操れるようになるにはもう少し時間がかかるのかもしれません。

さて、開校間もない私立小学校には教育理念が一貫しない危うさがありました。入学して暫くは個性を大切にしてよく遊ばせてくれる学校だったのですが、一部の保護者から「こんなやり方では良い中学に入れない」と突き上げをくらい、徐々に進学校へと変質していったのです。私が期待していた英語イマージョン教育も数年でいつの間にか消滅して、代わりに駅近くの英会話教室のような授業になってしまいました。さらに、保護者からの「学習塾の時間に間に合うよう授業を終えろ」との要望に圧倒されてカリキュラムも変更されました。こうして娘が3年生になった時には、学習塾に通っていない子は娘を含めてほんの数人になってしまいました。

当時、私が早急に対応するべきと考えたのは、小学校で立ち消えになってしまった英語イマージョン教育の代わりになるプログラムを用意することです。将来、娘が文系・理系のどちらに進むことになっても、英語のスキルは必ず彼女を助けるのですから。

少し話は飛びますが、娘が小学校低学年の頃にはピアン（私の母）の認知症がだいぶ進んでいました。私は介護のために家を離れられず、娘を旅行に連れていけないことが悩みの種でした。そんな時、親切なママ友が子供だけを参加させられるキャンプがあることを教えてくれたのです。早速調べてみると夏休みや冬休みに様々なアクティビティがあり、その中にネイティブスピーカーと一緒に英語だけで一週間過ごすコースがありました。私は取り寄せたパンフレットを娘に見せながら、恐る恐る尋ねました。

「こういうキャンプに行ってみる?」

意外なことに娘は同意を示すように頷きました。私は重ねて言いました。

「ひとりで寂しくない?」

すると娘は再び頷いて答えました。

「うん、友達は現地調達できるから。ワタシね、知らない人と話すのが好き。新しい本を読む時とおんなじだよ」

私は娘の好奇心に感謝しました。

この英語キャンプに参加したことで、私たち親子はある教育関連会社で英語レッスンのプロデューサーをしている女性に巡り合ったのです。この女性のおかげで、娘は多様な人種や立場のイングリッシュスピーカーたちから、夏休みなどの機会を使って「英語」に留まらないグローバルな知識を吸収することができました。結果として小学校高学年で英検2級に合格し、中学高校ではGTECやTOEFLで苦労せずに高得点を出すことができたのです。また、中学2年の春には米国のMIT(マサチューセッツ工科大学)やハーバード大学の講義を聴講し、内容は理解できなくても世界的に有名なアカデミアの自由な空気を直接肌で感じたことが大きな収穫となりました。

英語教育について、もう一つ大切なことがあります。意外に感じられるかもしれませんが、英語力を伸ばすのは国語力であると私は考えています。英語表現のブラッシュアップや英文の行間に潜む背景を読み解く能力は、もともと国語が得意な人に備わっている可能性が高いからです。

娘は中学高校の定期テストに臨む際、ほとんど英語を勉強しなくても済んだのがとても有り難かったと言っています。この劇的効果を踏まえると、個人レッスン料は安いものでした。すべてのきっかけを作ってくれた小学校時代のママ友と英語教育プロデューサーの女性に、私は今でも心から感謝しています。人のご縁とは不思議なものです。

小学3年の頃、娘と私はテレビの報道番組で新しい公立大学として紹介された秋田の国際教養大学に心奪われました。講義はすべて英語でおこなわれ、海外からの留学生とルームシェアできて、図書館は24時間利用できるという申し分ない環境に娘は目を輝かせました。

「ワタシ、この大学に行きたい！」

娘はそう言って、国際教養大学について頻繁《ひんぱん》に検索するようになりました。

「それじゃ、この大学に合格できるようにやっていこうね」

私が誘導したのではなく、娘が自ら目標を定めて走り出してくれたのは喜ばしい出来事でした。こうして、実現の可能性は未知数ながらも、娘の志望大学は9歳の時点であっさり決まったのでした。ただし、中学受験をどうするかについては二人とも深くは考えていませんでした。

一般に、中学受験のための学習塾は長年蓄積した受験データから作り上げたノウハウに自信を持っています。ですから、生徒たちは塾から細かく指導されたとおりに問題を解くトレーニングを続けて入試に臨むことになります。中学受験にフォーカスするならばこれが正しい方法なのかもしれません。しかし、想像力や共感力などの人間性の面から見て、脳の知的財産が最も膨らむ大切な時期に、受験に特化した視野《しや》狭窄《きょうさく》的な詰め込みをおこなうことには甚《はなは》だ疑問があります。学習塾よりも1冊でも多くの本を読む方が本人のためになると私は考えたのです。

そこで第一に独自のルーティンを考案しました。それは、小学校から帰宅後に先ず気分を一新することです。娘は読書をしたり、ゲームを楽しんだり、時には夕飯の支度を手伝ったりして好きなことに時間を使います。そして、夕食後、いよいよリビングで母娘の作戦会議開始です。

最初に、その日の授業で面白かったこと、初めて知ったこと、よく分からなかったことを二人で話し合いました。宿題が出ている場合はそのタイミングで解いていきます。このやり方が習慣づけられると、娘は家で私に説明するために先生の話を一生懸命聞いて授業時間内に理解しようと考えるようになりました。それは授業中の集中力へと繋がっていきました。これが好転のポイントです。

毎晩リビングで一緒に勉強するのは、他にしなければならないことが山積みの私にとってはかなりしんどい仕事でした。しかし、この時間が学業に対する娘の姿勢を決定づけることになったのです。娘と私（本当は知っている場合も知らない演技）が不思議に思ったことを種々の図鑑で探し、辞書を引き、時にはパソコンで検索しました。加えて、「かがくる」「しゃかぽん」（朝日新聞社が発行する子供向け科学誌と社会誌）を読むことで、科学や社会の基礎と算数の基本を自然に吸収することができました。こうして分かったことを娘は改めて私に説明することで、自分の知識として定着させていったのです。そして興味深いことに、娘は小学生時代に宿題以外には勉強をしたという記憶が特にはないそうです。きっと知ることが楽しかったのでしょう。

こうしてリビングで小学生の娘と過ごした時間は、認知症が日に日に進行していたピアンを在宅介護する私自身の病みそうな心をも救ってくれたのでした。ピアンは娘が小学5年の夏に亡くなりました。

さて話は教育に戻りますが、生涯枯渇《こかつ》しない向学心の芽は小学校6年までに育まれます。ですからこの時期には、個々の入試問題の正しい解き方を覚え込む「スタディ」以前に、頭の中に混在する様々な対象の客観的優先順位を自ら決定する「ハウツースタディ」が重要になります。言い換えれば、レールを敷いてあげる代わりにレールの敷き方を教えるのです。これを身に付けられるかどうかで将来の勝負が決まると言っても過言ではないでしょう。そのおかげで、小学校卒業後の娘は自分に合った勉強法の戦略を練るようになり、壁にぶつかりながらも弱点や欠点のリカバリーに努めるようになりました。一般に、中学入学後に何をどう勉強したらよいか分からない子が出てくるのは、塾で丁寧に指導され過ぎた弊害《へいがい》の現れと思われます。ちなみに、私の直接参加は小学校で終わりましたが、娘はその後もリビングでの勉強を続け、それは大学合格まで続きました。

私は我が家の教育に絶対的な自信があったのですが、一つだけ娘に謝らなければならないことがあります。10～20年先の長いスパンで考えていた私は、目先の中学受験のための「スタディ」をほぼ無視していました。ところが、系列中学への内部進学テストに合格した後、中学校側から一般の受験生と一緒に改めて入学試験を受けるよう求められたのです。入試の練習をまったくしていなかった娘の結果は、A日程からC日程まで全部受けて全部不合格でした。朱色のゴム印がいくつも押されたスタンプラリーのような受験票を、自室の壁に貼りながら娘が不思議そうに言いました。

「ワタシ、どうしてダメだったのかな……頭悪いの？」

「これから先、本当の力を出せればいい。だからママは全然心配してないよ」

私はそう答えながら、娘に無駄な敗北感を抱かせてしまったことを反省しました。

こうして、娘の中学校生活は入試で不合格だった内部進学の子を集めた「お荷物クラス」からスタートしました。もともと偏差値で人間を評価するような中高一貫の進学校ですから、この程度の差別は日常茶飯事でした。私はこの手の学校が大嫌いなのですが、小学校のお友達と別れたくないという娘の気持ちを第一に考えて黙っていることにしました。今振り返ってみると、このマイナスからのスタートこそが娘の「伸びしろ」に自由な跳躍力を与える好機となったのでした。そして何よりも感謝するべきは、たとえ娘が「嵐」のメンバー全員の名前を言えなくても、いじめることなく受け入れてくれた誠実な友人たちがいたことです。彼らのおかげで娘は学園生活を心から楽しむことができたのです。

スマホは要らなかった中学高校時代

娘が中学に入学した春、私の仕事は通販で購入した本棚を組み立てることから始まりました。娘の「本好き」はこの頃になると「活字中毒」に近い状態で、手持ち無沙汰になると家電製品の取扱説明書まで片端から読み散らかしてしまうほどでした。そのため、私は家の中のいたるところに転がっている１０００冊ほどの書籍を何とかしなくてはならなかったのです。

ある日、娘が思案顔になって言いました。

「小学校の時に友達に貸した本が返ってこないんだ。お気に入りの本だったのに」

私は娘に「貸した相手に手紙を書いて返してもらいなさい」と、応えました。

何故なら、娘にせがまれて買ったその本は、ハードカバーの単行本で結構なお値段だったからです。出資者としては取り返さないと腹の虫がおさまりません。ところが、娘は意外な言葉を返してきました。

「お小遣いで同じ本を買うよ。それまでは中学の図書室で我慢する。そもそも誰に貸したか覚えてないんだもん」

もう一度同じ本を買うなんて、そんなバカな……とんでもないことです。こんな「お人好し」に育ってしまっては、この先、世の荒波を渡って行かれません。私はマネージメントの概念を娘に教えなければならないと考えてお説教をしました。

「アンタはちょっと甘過ぎる。いつかだって、式典用に持たせていた新品の白ソックスを誰かに貸した時は、とうとう返ってこなかったじゃないか」

すると娘は肩を落として言いました。

「ワタシは自分が借りた時は早めに返すようにしてるよ。友達がワタシの好きな本に興味を持ってくれるのは凄く嬉しいから貸す。何がいけないのかな……」

夏休みが近づいた頃、娘の貸した本が宅配便で送られてきました。中には友達から娘に宛てたお詫びの手紙が入っていました。それからもう一通、友達のお母様から私への挨拶状と図書カードが添えられていたのです。私は偉そうに小言を並べた自分が恥ずかしくなりました。いつの間にか、娘は私よりも大きな心を持つようになっていたようです。友人を疑う前に先ず信じることは、裏切られた時の落胆から我が身を守る術を考えるよりも勇気のいることであると、私は娘から教えられたのです。

さて、中学入試で「お荷物」のレッテルを貼られた娘に転機が訪れたのは、普段の授業の内容とは関係なく行われる実力テストの時でした。娘の国語と英語の成績は群を抜く高得点で、総合点でも学年10位以内に入っていたのです。3者面談で担任の先生が「とても驚いた」と、正直におっしゃったことを私はよく覚えています。このように生徒全員に対して常にフェアーであることを信条としている先生が担任だったのは、娘にとって幸運でした。そして、独自の勉強法の効果が出始めたものと確信した私は内心小躍りしたのですが、当の娘は狐につままれたような顔をしていました。

それからの娘は多くの生徒たちや先生方から徐々に存在を認識されるようになっていきました。授業の後に難しかったところを教えあったり、生徒たちの意見をまとめる役を任されたりしながら、「いつも誰かを助けたいと思い」「常に誰かに助けられていると感じる」信頼のネットワークが広がっていきました。娘は今でもあの頃が一番楽しかったと言っています。


中学高校の6年間、娘は家への連絡用にガラケーを使っていました。街から消えた公衆電話の言わば代用品です。当時、世の中は既にスマホ時代に突入していましたが、娘はスマホを特には欲しがりませんでした。帰宅すればリビングにパソコンやタブレットがあるので、スマホの必需性を強くは感じなかったようです。ただ、一度だけ「人前でガラケーを出すのは恥ずかしい」と、言っていたことはありました。

一方で、スマホを持たないことがグッドエクスキューズとなって救われたことは多かったようです。娘はＬＩＮＥ交換を誘われると、スマホじゃないのでパソコンで時々見る程度と応えました。そのおかげで昼夜を問わず飛び交うＬＩＮＥのやり取りに巻き込まれることなく、既読スルーを「されたり」「してしまったり」に悩むことなく、そして、いじめに遭遇することもなく、心穏やかに過ごすことができたのです。部活や学級の緊急連絡がＬＩＮＥで回る時は、部活の仲間やクラスメートが確認の電話やメール、そして時にはパソコンのスカイプ（Skype）を使って直接フォローしてくれるので心配ありませんでした。ここでも、娘は心優しい友人たちに助けられたのでした。

ちなみに娘がガラケーを卒業したのは二十歳を過ぎてからのことです。十代の間は保護者である私が費用を負担していましたが、成人したら自分で何とかする約束をしていました。そして、娘は家庭教師のアルバイトをして格安スマホを手に入れたのでした。

現代版「情けは人のためならず」

小学校卒業の頃、娘から言われて心に刺さっている言葉があります。「ママは『頑張れ』って言ってくれないよね。それって、ワタシに期待していないってこと？　ワタシのこと嫌いなの？」

精一杯頑張って生きている人に「頑張れ」の声掛けをしてはいけないと考えていた私は心底戸惑いました。そして、世の通説を迷いなく受け入れていたことに気付きました。

娘は頑張っている自分を私に認めてほしかったのです。言われてみれば、確かに私は滅多に娘を褒めません。グッジョブだと思うと、褒めるより先に「ここをこうしたらもっと良くなる」と、言ってしまいます。すると娘は「これじゃあダメだっていうこと？」と、受け止めるのです。とても良い出来だから

「もっと良くなる」方法を教えたくなってしまうのだと弁解しても、「時既に遅し」です。娘のへこんでしまった心は元に戻りません。

私は「絶対に大丈夫」と、根拠なく無責任に励ますことができません。私のようなタイプの人間は我が子の「きっとできるよね」の言葉に対しても軽々しく同意できないのです。嘘をつきたくないので、成功の確率を答えてしまいます。冷たい母だと思われたことでしょう。娘には気の毒なことをしました。

中学生になった娘は電車で通学するようになり、私は晴れてアッシー君役から解放されました。ただ、部活で娘の帰りが遅くなる日は私が車で浦和駅まで迎えに行くことが多く、その夜もいつものように駅に向かいました。ところが、駅前には救急車が止まっていて、何やら人だかりがしています。その人垣をかき分けるようにして、娘がこちらに走ってきました。車に飛び乗ってバタンとドアを閉めた途端、娘は堰《せき》を切ったように声を上げて泣き出したのです。そして、車が駅前から離れると、娘は事の顛末を語り始めました。

浦和駅の改札を出てぞろぞろと進む帰宅者の列の中で、娘の前を歩いていた高齢女性の足取りが急に乱れ始め、崩れるように倒れ込みました。娘を含めて数人の男女が駆け寄って声を掛けましたが、女性は呼びかけに反応しませんでした。誰ともなく「救急車」という呟きが拡がりましたが、大人たちは自分の携帯電話から救急車を呼ぶことを躊躇しているように見えました。できれば関わりたくない。自分がしなくても誰かがするだろうと思ったのかもしれません。娘は「ワタシが呼びます」と言って、自分の携帯電話から119番しました。

数分後、サイレン音が聞こえてきた時、女性の意識が戻りました。娘は女性を安心させようとして声を掛けました。

「もうすぐ救急車が着きますよ」

ところが、予想もしなかったことが起きました。

「勝手なことをするなーっ！」

女性は突然怒り出し、娘を非難するように罵詈雑言《ばりぞうごん》を浴びせかけたのです。

娘の言葉を借りると、もしも太陽が西から昇ることがあったとしても、この時ほどの衝撃は受けなかったと言えるくらいのショックだったそうです。周囲の人や救急隊員からも「そこまで言わなくても……」との声が漏れるほど酷い誹《そし》りを受けて、娘はその場から逃げ出してきたのでした。

娘は泣きながら私に尋ねました。

「人助けは正しいと信じて行動したのに、おばあさんには迷惑だった。ワタシは正しくないことをしたの？」

その高齢女性が意識を失ったことは事実なので、救急車を呼んだのは適切な行為だと私は答えました。一方で娘に食って掛かる元気があったことから察するに……飲酒、薬物、認知症あるいは一時的な意識障害の原因になりうる何らかの基礎疾患が考えられますし、単に性格が悪いだけかもしれません。

家に着いて車を停め、私は娘に問いかけました。

「もし、また同じような場面に遭遇《そうぐう》したら、今度はどうする？」

娘はしばらく黙っていましたが、顔を上げて答えました。

「たぶん、また同じことをする」

私はシートベルトを外して、娘の肩を強く抱きしめました。

それから1年、高校生になった娘に心温まる出来事がありました。

1学期が始まってしばらくしたある日、夕方には帰るはずの娘から午後7時頃になって電話が掛かってきました。

「今、尾久駅、これから帰るね」

娘の弾む声が聞こえて直ぐ切れました。学校の最寄り駅は東大宮駅、通常は上り電車に乗って4駅目15分ほどで浦和駅に着きます。私は首を傾げました。浦和も赤羽も通り過ぎて、どうして上野の一つ手前の尾久まで行ってしまったのでしょう。

その夜、やっと帰宅した娘は何があったのかを話してくれました。

東大宮駅から乗車して珍しく席に座ることができた娘はうたた寝を始め、ハッと目覚めた時には降りるはずの浦和駅を電車は発車するところでした。ドタバタするのは恥ずかしいので、平静を装って次の赤羽駅で下車しました。そして、一度改札を出て再び駅に入ったと話す娘に私は尋ねました。

「ちょっと待った、なんでそんなややこしいことしたの？」

するると娘は不思議そうな表情を浮かべて答えました。

「だって通学定期は浦和までだから、浦和・赤羽間の往復運賃を払わなくちゃいけないと思ったんだ」

娘がマジメ人間に成長したことを喜ぶべきなのでしょうが、一駅乗り過ごしただけで態々《わざわざ》改札を出て再度戻る人がいったい何人いるだろうかと、私は考えずにはいられませんでした。

「アンタはやっぱり役人に向いているよ」

すると娘は私の皮肉など意に介さない様子で物語の核心を語り始めたのです。

赤羽駅中央改札を一度出てから夕方の混雑を縫うようにして中央のコンコースまで戻ってきた時、娘は不意に足を突かれて振り返りました。そこには白杖を持った40歳くらいの男性が立っていました。こちらに落ち度があったわけではありませんが、白杖を見た娘は反射的に「ごめんなさい」と言って道を譲ろ

郵便はがき

料金受取人払郵便

新宿局承認

7552

差出有効期間
2024年1月
31日まで
(切手不要)

160-8791

141

東京都新宿区新宿1－10－1

(株)文芸社

愛読者カード係 行

ふりがな お名前		明治 大正 昭和 平成 年生 歳	
ふりがな ご住所	□□□-□□□□		性別 男・女
お電話 番号	(書籍ご注文の際に必要です)	ご職業	
E-mail			
ご購読雑誌(複数可)		ご購読新聞 新聞	

最近読んでおもしろかった本や今後、とりあげてほしいテーマをお教えください。

ご自分の研究成果や経験、お考え等を出版してみたいというお気持ちはありますか。

ある　ない　内容・テーマ(　　　)

現在完成した作品をお持ちですか。

ある　ない　ジャンル・原稿量(　　　)

書　名				
お買上 書　店	都道 府県	市区 郡	書店名	書店
			ご購入日	年　月　日

本書をどこでお知りになりましたか?
1.書店店頭　2.知人にすすめられて　3.インターネット(サイト名　　　)
4.DMハガキ　5.広告、記事を見て(新聞、雑誌名　　　)

上の質問に関連して、ご購入の決め手となったのは?
1.タイトル　2.著者　3.内容　4.カバーデザイン　5.帯
その他ご自由にお書きください。
(　　　)

本書についてのご意見、ご感想をお聞かせください。
①内容について

②カバー、タイトル、帯について

弊社Webサイトからもご意見、ご感想をお寄せいただけます。

ご協力ありがとうございました。
※お寄せいただいたご意見、ご感想は新聞広告等で匿名にて使わせていただくことがあります。
※お客様の個人情報は、小社からの連絡のみに使用します。社外に提供することは一切ありません。

うとしました。その男性は娘に顔を向けて言いました。

「北口にはどう行けばいいのでしょう、私の手を北口の方向に向けて『こっち』と示してくだされば分かりますからお願いします」

娘は言われたとおりに北口を示そうとして自分もそちらの方を見ました。すると、駅舎改築工事中のため変則的な配置になっている柱や階段などの障害物に加えて、乗り換えのために猛ダッシュする人々の姿が目に飛び込んできたのです。娘は途方に暮れました。

『駅の中ってこんな危険な場所だったんだ。これじゃ、目が不自由な人は無事に北口まで行かれないかもしれない。どうしよう……』

その時、あの苦い経験が娘の脳裏をよぎりました。目の前で倒れた高齢女性のために救急車を呼んだら、その女性から罵倒されるという想定外の展開に酷く傷ついた衝撃と混乱が鮮明に蘇ったのです。娘は心の揺らぎを抑えるように身体を硬く強張らせました。

数秒後、意を決した娘は男性に向かって言いました。

「足元が悪いので、北口までご案内します。私の肩に手を置いてください」

娘が男性を先導する態勢で二人は人混みの中を歩き始めました。驚いたことに、この奇妙な二人組に気付くと、人々が次々に道を開けてくれたのです。こうして娘は胸を張って男性を北口まで案内することができ、男性は丁寧に礼を述べて改札から出ていきました。その後ろ姿を見送りながら、今度こそ人の助けになれた誇らしさで胸が熱くなった娘は「よしっ」と、何度も呟きました。しばらくして我に返った娘は浦和に戻るために慌てて電車に飛び乗りました。その電車は反対方向の上り上野行だったというわけです。

話し終わった娘は感慨深げに言いました。

「再チャレンジのチャンスをもらえて嬉しかった。それにしても肩に手を置いてもらうなんて、ワタシよく思いついたと思わない?」

私は大きく頷きながら娘の幼い頃を思い出していました。幼稚園まで片道徒歩30分の間、娘と私は毎日いろいろなことを話し合ったものでした。ハンディキャップのある人をどう手助けするか、白杖を持った人の先導法、仕事中の盲導犬や介助犬の邪魔をしないことについても何度か話題にしました。そのほとんどが忘却の彼方でも、対話の一部が娘の記憶の何処かに残っていたのだと思うと、私もご褒美《ほうび》をもらったように嬉しくなりました。

ママの作文

私は映画好きだった母の影響で欧米の劇映画を毎日のように観て育ち、読書はどちらかというと苦手で推理小説しか読みませんでした。一方、幼い時から本が好きだった娘は浦和の老舗書店に連れて行くと嬉々として10冊ほどのハードカバーを選び、その場に座り込んで読み始めます。私が「ママのお薦め本」を数冊選んで渡すと、娘はそれらの本にも目を通し、気に入った本とそうでもない本のグループに分けます。そして、店内でほぼ読み終わってしまった本の中から欲しいものを5冊くらい買って帰るのがルーティンです。

娘は小学校を卒業するまでこのスタイルを守り通しました。その後の大学受験や大学での文献読み込みに際して、常に娘を助けている並外れた速読術が身に付いたのはこの習慣のおかげです。ただし、店を出るまでに2～3時間を要するので、付き添いにはそれなりの覚悟が必要でした。私は一度娘に尋ねたことがあります。

「どうして一度読んじゃった本を買うの？」

「だって、大好きな本はそばに置いて何度でも読み返したいもん」

なるほど、印象に残った映画を再度観たいと思うのとそれほど変わらないのかもしれません。それらの本は会いたい時にいつでも会える友人のような存在なのでしょう。

そんな読書家の娘ですが、意外なことに読書感想文が大の苦手です。それだけでなく、決められたテーマに沿って作文を書くのが嫌いなようです。言葉や文章のアウトプットにはそれなりのトレーニングが必要です。インプットに偏《かたよ》り過ぎている娘はアウトプットを面倒に感じるようになっていました。

中学校卒業が近づいた頃、卒業文集に載せる作文に苦戦している娘に、私は面白がってちょっかいを出しました。

「ママが書いてあげようか？　名文を安くしておくよ」

するとと娘はすまし顔になって言いました。

「あの児童書のベストセラー作家ロアルド・ダールは娘の宿題の作文を書いてみたくてうずうずしていたんだ。そこでダールが書いた文章を娘が清書して提出したら、先生の評価はC『もっと頑張りましょう』だったんだってさ」

そしてニヤリとすると、娘は付け足すように言いました。

「ママの出番もちゃんとあるよ、保護者の作文もあるんだって」

私は腕まくりの仕草をして答えました。

「よーし、偏差値バカのあの学校に言いたいことはいっぱいあるぞ」

「やめて！　高校の3年もお世話になるのだから、ワタシに恥をかかせないでよ！」

急に困り顔になって、そう懇願《こんがん》する娘の方が私よりも大人に見えました。私は真面目に書くことを約束しましたが、お世話になった先生方への謝辞を並べただけのような文章はつまらないので、「いつか王子様が」と題して以下のような短いエッセーを書きました。

いつか王子様が

「ねぇ、ワタシってどんな人と結ばれるのかしら……」

娘はソファーに寄りかかり遠い視線になって呟く。

「長年の経験から言わせてもらうと、まぁ、ろくな男じゃないだろうね。要するにどこらへんで妥協するかの問題で、理想の王子様なんて絶対いないと断言できるね」

現実主義の母がそう答えると、娘は口を尖らせて反論する。

「中学生の娘に向かって、そんな夢のない助言をしちゃいけないんだもん」

「あら、そうかしら？　そもそも恋愛なんて麻疹《はしか》みたいなものだし、結婚は出会い頭の交通事故みたいなものだ。おまけに、別れようと思ったら、くっついた時の何倍ものエネルギーが必要になるんだよ」

ラリーが白熱して、娘は呆れ顔になって決め台詞《ぜりふ》を放つ。

「あのねぇ、ママは子供産まない方が良かったと思うよ！」

「あらっ、そう」

母はそう答えてニヤリとする。すると娘はキャッキャッと嬉しそうに笑うのである。

子育ては実に楽しい。いつか地球上の何処かで、娘は誰かに自分の人生観を熱く論じていることだろうと考えるだけで、母は幸せな気分になれる。大切なのは偏差値ではなく味のある人間になることと教え続けた母の出番はそろそろ終わりに近い。次は、一杯飲みながら語り明かす日を楽しみに……。

中学の卒業文集が配られて数日後、娘が笑顔で言いました。

「ママの作文、異彩を放っていたね。みんなから読んだって言われた、概《おおむ》ね好評」

それはどうも……恐縮です。考えてみれば、私にとっての卒業文集なんて軽く半世紀ぶりのイベントでした。これで終わったかと思いきや、何と高校卒業に際しても保護者の作文が要請されたのでした。私は娘へのメッセージのつもりで「走れ、鈍感力」と題して以下の文章を書きました。

走れ、鈍感力

娘は時に豹変《ひょうへん》する。本来は相手の顔色を窺う小心者なのだが、ひとたびスイッチが入ると、驚くべき「はったり」をかませてくる。

事前準備なしに受けた小学校入試の面接で、ピアノに触ったこともないのに将来はピアニストになるとスラスラ答えていた。まったくの初耳だった母はその場で失神しそうになった。ところが、高校卒業目前の娘は周囲に気を遣い過ぎて萎縮気味である。

人生を懸けた目標に向かって突き進み続けるためには、ある種の鈍感力が必要だ。鈍感であることと鈍感力はまったく違う。生き抜くための鈍感力は優れた洞察から生まれるのだ。あの日の面接後に「なぜピアニストなんて言ったの」と問うと、娘は「とっさに閃いたから」と言った。社会に出た時にはその才能がきっと役に立つことだろう。母は、日頃小さな失敗を引きずる娘のことが限りなく愛おしい。そして、一転して大胆不敵に勝負する娘の大応援団でもあるのだ。

高校を卒業する娘に贈る言葉として、私は娘と自分自身に約束したことが一つあります。それは、将来、娘が最愛の人として私の前に連れてくる人物の肌の色が何色であろうと、男であろうと女であろうと、私は構わないということです。これまでの私は「子育て実験」と称して自分の人生観を娘に押し付けてきました。時には「そんなんじゃないよ」と反論したかっただろうに、被験者役を投げ出すことなく続けてきてくれた娘には心から感謝しています。私はもう十分楽しませてもらいましたから、娘には娘の人生を好きなように生きてほしいのです。

期せずして乗ってしまった東大受験号の冒険

試験結果について語る際によく聞かれる言葉があります。それは「運も実力のうち」です。しっかりと準備して力をつけておけば、運さえ味方につけることができるという解釈になると思われます。しかし、娘の大学受験を見ていて私が感じたことは、「こんなに上手くいくはずがない。よく分からないことが起きている」でした。この得体の知れないパワーを人は「運」と呼ぶのかもしれません。

娘の名誉のために申しますが、中学高校と彼女なりに毎日一生懸命勉強していました。ただし、数学がとても苦手で、１００点満点のテストで一桁の点数に沈没するくらい重症でした。苦手意識を和らげようと考えて平均点を目標にしていたのですが、問題を解く途中で繰り下がりのある引き算を間違える凡ミスを懲りずに繰り返していました。

一方、教科総合の合計点で比較すると娘は上位に躍り出てしまう逆転現象が起きていました。これには先生方も困ったようで、娘に「君は数学だけ勉強しなさい」と言い出す始末でした。こうして最終的に合計点で判断を下された娘は、中学2年で東大クラスに次ぐクラスへと移ったのです。「お荷物」からの飛び級的特進の環境変化に娘が苦労なく順応できたのは、仲良しの友達と一緒に移ることができたのと、新しいクラスの仲間が優しかったからです。

高校生になった娘は部活と生徒会活動に没頭して青春を満喫《まんきつ》していました。数学は相変わらずの低空飛行でしたが、数学科の先生方が親身になってくださり、担任の先生も放課後に生徒を集めて数学の補講をボランティアでおこなってくれました。おかげで娘の成績は少しずつ平均点に近づいていました。なお、他の教科は小学校時代から積み重ねてきた知識が真価を発揮して、特には勉強しなくても常に好成績でした。それは幼少期の「学びの土台」を作る実験に成功した結果と思われました。そして、向学心を抱き続けてくれた娘に対して、私は心から感謝しました。

高校2年のある日、娘が浮かない顔で私に言いました。

「先生に東大クラスに入れって言われた。東大に行きたいなんて今まで思ったこともなかった。ワタシは秋田の国際教養大学に行きたいし、今のクラスが好きなのに……」

この頃、ダッキー（私の父）がほぼ寝たきりになっていたので、私は在宅介護に埋没していて学校の保護者会などに出席することはなくなっていました。娘はそんな私を気遣って、種々の事務手続きや進路の決定などを全部ひとりでこなしていたのです。しかし、東大を目指せと言われて、さすがに面食らってしまったようです。娘は口を尖らせて続けて言いました。

「ワタシ、東大を受けるとなったら大変だよ。だって、文系でも数学があるんだよ」

「でも、受ければ合格する可能性があるから、先生が東大って言ったんでしょ?」

そう私が問うと、娘は曖昧《あいまい》に頷きました。東大受験の話は私にとっても予想外の展開でした。

先生が判断材料にしているのは偏差値と思われます。ですから東京大学を薦められたのは娘にとって名誉なことなのでしょう。そして、一人でも多くの東大合格者を出すことが進学校に課せられた命題なのです。東大クラスの独特な雰囲気に気後れした娘は困惑していました。

先生の話によると、歴史の浅い国際教養大学と東京大学とではネームバリューがまったく違うのです。例えば海外で仕事をするようになった時に、出身校が国際教養大学だと「知ってる」と反応してもらえないのが普通ですが、東京大学なら世界中に卒業生がいるというのです。

「それがどうした」と言いたいところですが、先生の言葉は妙に説得力がありました。そこで私は娘に提案しました。

「幸いなことに併願できるのだから、国際教養大と東大、両方とも受けたらいいじゃん。どっちか決めなくても、合格した方に行けばいい。あと1年、東大クラスでやってみたら？」

こうして、娘は高校3年で東大クラスに移りました。

高校3年生でも娘は文化祭の実行委員を務めるなどして、猛烈な忙しさの中で学園生活を楽しんでいるように見えました。それは、我利勉（がり勉）が当たり前とされる東大クラスへの反発だったのかもしれません。

ある日、担任の先生が成績1番をとった生徒に賞金として現金3千円を与えると宣言したそうです。そのやり方に対して反骨心を抱いた娘は、先生のオファーを無視する代わりに精一杯頑張って1位の賞金を獲得してしまったのです。そして、その3千円を全部使って山ほどの袋菓子を買って上機嫌で帰宅しました。

「これをクラスのみんなに配るんだ」

そう言って、用意した人数分の小袋に娘は楽しそうに菓子を詰め始めました。

「小学校のお楽しみ会みたいだね。先生は参考書代の足しにでもしてほしいと思っているだろうに……」

袋詰めを手伝いながら私がそう呟くと、娘は真顔になって応えました。

「これはね、ワタシのささやかな抵抗なんだ。ご褒美に現金なんていう考えは、冗談だとしても良くないよ。だから、みんなで食べちゃって忘れてしまえばいい」

彼女なりの熟慮の結果ということなのでしょう。それから娘はふと思い出したように言いました。

「ワタシってママや他の人みたいにカッと怒れないんだよね。『頭に血がのぼる』ってよく分からない。変なのかな……」

おやおや、私が例に挙げられてしまいました。確かに若い頃は瞬間湯沸かし器と揶揄《やゆ》されるほど怒りの反応は早い方でした。わがままな子だった私は思いどおりにならないと癇癪《かんしゃく》を起こし、両親から度々体罰を受けた記憶が鮮明に残っています。だからこそ、娘に対しては手を上げたことも怒鳴りつけたこともありません。すべて話し合いで解決するように心がけてきました。娘がカッとならないのはその成果と思われます。ところが、その性格のおかげで損をしているように感じることがあるようです。

「アンタは時々友達から天然って言われるらしいけど、それは反応が鈍いっていう意味とは違う。ちゃんと豊かな感性を持っている。自分の感情をむき出しにして、議論をただの喧嘩《けんか》にしてしまうのが嫌なだけだと思うよ」

そう答えながら、私は気付かないうちに度々娘の心を圧迫してしまったのかもしれないと反省しました。そして、娘に向かって恐る恐る質問しました。

「ママのこと、怖いと思ったことある？」

「ある」

「自分のこと、嫌い？」

「嫌い」

即答でした。これには参りました。私は娘の自己肯定感をないがしろにしたつもりはなかったのに……何処で間違えてしまったのでしょう。

「でも、ママはアンタのこと、大好きだよ」

その年の夏のことでした。誰でも経験があるかと思いますが、何かに没頭しなければならない環境に置かれた時、人はその何かとはまったく関係ないことをやりたくなるものです。我が家でも大学入試で頭がいっぱいのはずの娘が、受験科目ではないフランス語を勉強したいと突然言い出したのです。こうして、机の上に無造作に積み上げられた受験参考書や問題集の山に英仏辞書やフランス語入門書がランダムに投入され、触れると崩れるアート作品状態になりました。

そのカオスは私の心の奥にあったピアン（私の母）の思い出を呼び覚ましました。ピアンは私とは正反対の芸術家タイプで整理整頓がとても苦手だったのです。若い頃のピアンはフランス文学がお気に入りで、よく言っていたものでした。

「戦争で勉強できなかったけど、もしフランス語ができたら、翻訳本じゃなくて原書が読めたんだよね……」

しかし、ピアンは娘の小学校入学前に認知症を発症してフランス文学どころではなくなり、娘が小5の夏には亡くなっているのです。つまり、ピアンと娘の間にフランス語に関する接点はなく、時の流れを超えて二人が同じ対象に興味を持ったことになります。

ピアンは私が高校生の頃にモーパッサンの短編「橄欖《かんらん》畑」（橄欖とはオリーブのこと）の強烈な印象を語ってくれたことがあります。プロヴァンス地方の小さな港町で人々から慕われている初老の司祭アベの昼から日没までの半日を描いた作品です。アベは若い頃、街の女優に夢中になり一緒に暮らしたことがありました。女と別れた後、アベは司祭になりました。30年が経ったその日、息子と名乗る男がアベを訪ねてきました。この見るからに無教養で汚らしい放浪者の悪意ある訪問は、年月をかけて築き上げたアベの司祭としての誇り高き人生を半日で「無」にしてしまったのです。僧服の下の人間の本質は変えられないことを突き付けられたアベは日没後の闇の中で命を終えます。物語の冒頭、南フランスの陽光を浴びる橄欖畑の輝きが命あるものの刹那《せつな》を読者の心に深く刻む作品です。

私の話を聞いて興味を持った娘は、早速インターネットで「橄欖畑」を検索しました。ところが、モーパッサンの短編集は一部を除いて廃刊になっていたのです。

「読んでみたかったなぁ……」

残念そうに呟く娘の横で考えを巡らせるうちに、私はあることに思い当たりました。

「ちょっと待って、もしかすると残してあるかも！」

私はそう言って、長い年月開けることもなかった押し入れの奥から段ボール箱を引っ張り出しました。それはピアンが集めた文庫本を整理した箱でした。箱のふたを開けて、スタンダールやゾラの本を取り出すと、その下から「橄欖畑」を収めたモーパッサンの短編集「あだ花」が現れました。

それは岩波文庫の昭和27年9月第10刷の本でした。表紙には茶色のシミが出ていましたが製本はしっかりしており、粗い手触りのページをめくると古い紙の懐かしい匂いがしました。娘と二人で丁寧に読み進めていくと、本の中ほどにセピア色に変色した一枚の写真が挿まれていることに気付きました。それは湖畔の写真でした。写っていたのは年齢がばらばらの男女10人ほど、前列中央にウエストを細く絞ったジャンパースカート姿の若いピアンがいました。目を凝らして写真を見ていた娘が興奮気味に声を上げました。

「ほら、ここに1951年10月27日、箱根って書いてある！」

それは終戦から6年、まだカメラが貴重品だった時代です。私は言いました。

「たぶん小学校の教員仲間だと思う。周りの女性は着物かダークスーツなのに、ピアンはハイカラな格好で目立ってるね。あの頃、フランス映画の中で女優さんが着ている素敵な服を真似して自分で縫って着ていたんだって。お洒落はお金じゃなくて、自分を愛して磨きをかけることだっていつも言っていた。今考えると立派だったよね」

私は当時の世相を振り返って続けました。

「周囲からは教員のくせに派手だって叩かれる異端の人だったらしい。でも、教育者としての筋は通す人で、一人一人の個性を大事にしていたから児童からは慕われてた」

「そして、フランス文学好きだったんだね」

私の言葉を受けて、娘がまとめてくれました。彼女がフランス語と言い出さなければ、私たち母娘がこの写真を見つけることはなかったでしょう。認知症でボロボロになった晩年のピアンを嫌っていた自分を振り返るように、娘は遠い視線になって呟きました。

「ピアン、本当はすごい人だったんだね」

その後、娘は大学でフランス語を選択し、その頑張りを評価されて、パリとブリュッセルの大学をめぐる研修旅行のメンバーになりました。パリの学生たちはランチタイムに集まっては政治の話で盛り上がっていて、日本の大学生とは大違いだったのが大変印象的だったそうです。現在の娘は英語よりもフランス語の方が得意かもしれません。フランス語「好き」は本物だったようです。

話は大学受験に戻りますが、高3の夏が過ぎていよいよ本気モードに入る頃、娘の腕と脚に米粒大の紅斑を伴う発疹が多数現れました。このような皮疹は初めてのことです。蕁麻疹《じんましん》に見られるような斑状の皮下浮腫は認められず、いわゆる虫刺されに似ていました。かゆみ止めの薬をつけても効かず、掻き壊して出血するため、シーツに点々と血が付く始末でした。医者に行く時間も惜しい時期なのになかなか治りません。明日は皮膚科を受診しようと話している時、私が花粉の季節に毎年お世話になっている抗ヒスタミン系の鼻炎薬（市販の飲み薬）を見つけました。

その花粉症の薬を服用したところ、半日で娘の皮疹は魔法のように消退したのです。こうして、大学受験というイベントが身体の代謝や免疫に著《いちじる》しい変調をもたらすほどのストレスであることを、私たちは知ったのでした。この出来事は心身ともに安定していることがいかに大切かを教えてくれたのです。

娘は受験のための予備校には通っていませんでしたが、試験に慣れるために有名予備校の模試を片っ端から受けました。結果は模試を開催する予備校によって千差万別で、D判定だったりはたまたB判定になったり、中途半端なC判定のこともありました。それでも、娘のトレードマークだった凡ミスが減少し、結果判定に一喜一憂しなくなったのは繰り返し受けた模試のおかげと言えるかもしれません。担任の先生からの言葉は「模試は本番のつもりで真剣に、本番は模試だと思って肩の力を抜いて受けるように」とのことでした。

センター試験はマークシート方式ですから、改善できたとはいえうっかりミスをしでかす可能性のある娘にとっては鬼門でした。学校で、先ずはセンター試験を乗り切ることだけを考えるようにと助言された娘は、マークシート専用の鉛筆と一番良く消える消しゴムを購入して本番に備えました。既定路線の指導に反抗するのを忘れるほど切羽詰まっていたようです。

2日にわたるセンター試験が済むと恐怖の自己採点です。この点数によって最終的な志望校を決めて願書を提出するのですから、自己採点を間違えると大変なことになってしまいます。つまり自己採点の正確さが勝敗を左右するのです。ここで、何度も模試を受けてきた効果が発揮されたわけです。模試の時と同じように採点を済ませた娘は、幽霊でも見たのかと聞きたくなるような表情を浮かべて言いました。

「大変だ！」

私の大学受験は国立一期・二期の時代でしたから、何が起きているのかまったく理解できませんでした。ただ、娘の凍り付いた顔色を見て、大失敗をしでかしたのだと思いました。娘は無言のまま再び点数をチェックして、止めていた息をフーッと吐き出すと、私に言いました。

「853点だ。すごい！」

「853点って、良いの？　悪いの？」

説明を求めた私に娘が応えました。

「東大は英語のリスニングテストを2次試験でバッチリやるから、私のセンター試験の満点は900点なんだ。だから、853点はすごく良い点っていうこと。目標800点だったのに、どうしてこんなにできちゃったのか自分でも分かんないよ。国語なんてほぼ満点だもん」

そう言って娘は私にとびきりの笑顔を向けてくれました。やっと話に追いついた私は、戸惑いながら何度も頷いて喜びをかみしめました。どうやら本人の努力を後押ししてくれる不思議なパワーが働いたらしいことは私にも分かりました。これが「運」というものなのでしょうか。


センター試験が終わると、マークシート仕様になっている脳みそをリセットして、二次の筆記試験に備えなければなりません。娘はその切り替えに苦労しているようでした。センター試験で高得点を出したことが、かえってプレッシャーになってしまったのです。

最終的な合否判定のための合計点が出される際、センター試験の得点は圧縮されてしまいます。ですから、一般に東大受験者はセンター試験で失敗しても二次試験で取り戻すことができると言われています。しかし、二次試験の数学でボロボロになる確率の高い娘は、センター試験で得たアドバンテージを活かし続けなければなりません。こうして、娘はいくつかの私立大学を受験することにしました。そのことが結果的に娘の心に覆いかぶさっていたプレッシャーを分散させてくれたのです。

娘は本来第一志望だった公立の国際教養大学（秋田）に加えて慶應義塾大学法学部政治学科と早稲田大学国際教養学部を受験しました。それから担任の先生に言われて、センター試験利用で4大学ほど願書を提出しました。結果は意外なことに全部合格でした。受験の神様の大盤振る舞いです。抽象的な表現ですが、何か大きな波のようなものが来ているようでした。たぶん秋田に行くことになるだろうと考えて、娘は国際教養大学に入学手続きの書類を送り、私の財布からはお金が出ていきました。

そして、娘は東大の二次試験に臨みました（先生の助言に従って文科三類を受験）。国語や英語の問題は驚くほどの長文で、幼い頃から培った速読力がとても役に立ったようです。一日目の朝、私は弁当に添えてパウンドケーキを一切れ用意しました。そのケーキを入れた紙袋に小さな字で書きました。

「Do your best!」

帰宅した娘は空の弁当箱と紙袋を出しながら言いました。

「あんなこと書かないでよ、試験会場で号泣しそうになっちゃったよ」

「気付いてくれたんだ」

「そりゃ、気付くよ」

娘はまんざらでもなさそうな顔をしていましたので、私も何だか嬉しくなりました。二日目には同じ紙袋にケーキを入れて、もう一つメッセージを書き足しました。

「Enjoy your life」

しかし、試験を終えて帰った娘は暗い声で一言だけ私に告げました。

「たぶんダメだと思う」

「何か大失敗したの？」

「そうじゃなくて、全部答えたけど……」

「できた気がしないってこと？」

私がそう言うと、娘は深く頷きました。

「そうか……」

何と言って元気づけたらよいか言葉が見つかりませんでした。私は空の弁当箱をキッチンの流しに置き、メッセージを書いたケーキの紙袋をゴミ箱に捨てようとしました。

すると娘が慌てて私を止めたのです。

「捨てないで！　とっておいて……お願い」

「分かった、とっておこうね」

私は紙袋の皺《しわ》を丁寧に伸ばして引き出しにしまいました。

合格発表の日、娘は本郷へは行かないと言って、インターネット上の発表を待っていました。私は無言の娘をチラチラと見るだけで、こちらから声を掛けられないもどかしさの中にいました。そして、発表の時刻が訪れました。パソコン画面上をさまよっていた娘の目線が一か所に止まりました。とてつもなく長く感じる数秒が過ぎて、娘が初めて声を発しました。

「あった、あったよ、ほら」

「えっ、ホントに?」

私は娘が指さす画面上の番号と受験票の番号を何度も見返しました。

「あー、よかった……」

娘はそう言って泣き出しました。解放された喜びの涙を流す娘を私は初めて見ました。よほどの重圧だったのでしょう。娘を強く抱きしめて、私も泣きました。間もなく担任の先生から電話があり合格者集合に誘われた娘は、やっぱり発表の掲示が見たいと言って本郷キャンパスに出かけて行きました。幸せな一日でした。

人生には勝負を懸けた大きな波が三回ほどやってくると言いますが、娘の場合は少なくともその二回分に相当する「勝ち」を手に入れてしまったように思われました。

私は娘に言いました。

「アンタは一生の間に数回しか巡り合わない幸運に恵まれたんだ。これから先、そう簡単に運を手繰り寄せられるとは限らない。舞い上がらないで、地道にやっていこうね」

翌日、娘の様子を見ていると訊くまでもなさそうだとは思いましたが、私は娘に尋ねました。

「東大と秋田の国際教養大、どっちに行くの？」

娘の顔に困惑の表情が浮かびました。我が家の経済状態に余裕があるわけではないことを承知している娘は、国際教養大に振り込んだ入学金が無駄になることを心配しているようでした。私は言いました。

「あの入学金は保険だったとママは思っている。東大を選ぶのなら、あのお金は国際教養大を目指す後輩のために寄付させていただいたと考えればいい。とにかく、この家の財務担当者としては自宅から通える国立大に行ってもらえたら一番ありがたいね」

するとと娘は嬉しそうに大きく頷いたのでした。私が条件として一つだけ娘に課したのは、国際教養大学に礼儀を欠くことなく入学辞退の連絡をすることでした。

パリは燃えているか

娘の大学進学を見届けたダッキー（私の父）が、その年の夏に老衰で命を終えました。大学合格だけでなく、娘が英語成績上位者のクラスに選抜されたことをとても喜んで、先に逝ったピアン（私の母）に土産話ができたと言い残して旅立ちました。

ささやかな葬儀の後に娘がポツリと呟きました。

「ワタシ、ピアンとダッキーにもっと戦争の話を聞かせてもらえばよかった。生の体験談を聴くチャンスはもう二度とないんだから……。ママは色々聞いたの？」

「ダッキーは海軍航空隊の爆撃機パイロット、ピアンは小学校の教員で児童を連れて福島に疎開していたらしい。でも、二人とも戦争のことは話したがらなかった。昭和30年代はもはや戦後ではないなんて言われてたけど、国民は苦しみの記憶を引きずっていたからね。あの頃、繁華街を歩いたり電車に乗ったりすると片足や片腕の傷痍軍人《しょういぐんじん》をよく見かけてね、ピアンが『偽物が多いから、無視しなさい』って、言ってたなぁ」

するとすると娘が何か思い出したように声を上げました。

「そうだ、たしかワタシが中学生になった頃、ママとダッキーが第二次世界大戦中のヨーロッパの話をしていて、その時『占領下のパリ』って言葉を初めて聞いたんだ」

「そうそう、あの時、アンタは『えっ、パリって占領されていたの？　あのフランスのパリが？』ってびっくりしてた。私はアンタがそれを知らないことにびっくりだった。私の子供時代は『コンバット』とかアメリカの戦争ドラマがテレビで沢山放送されていたから、正しいかどうかは別として、気付かないうちに知っていたんだよね」

中学生の娘に、太平洋戦争だけでなくヨーロッパ戦線のことも伝えなくてはいけないと考えた私は娘を誘って二人で『映像の世紀』を観ました。ヨーロッパの歴史は奪い合いの繰り返しであり、陸続きのために国土がことごとく戦場になっていたことに娘は驚いたようでした。取り分け彗星《すいせい》のように現れたプロイセンに魅了され、さらに20世紀のドイツとフランスの関係を精力的に調べ始めました。そして、この時のアクティブ・ラーニングが後に大学で国際関係論を専攻することになる出発点でした。

２０１５年秋、安全保障関連法案が可決された頃、高校生の娘と私はチャップリンの映画「独裁者」を観ました。この映画でチャップリンはヒトラーがモデルの独裁者ヒンケルと心優しいユダヤ人の床屋の二役を演じています。映画のラスト、ヒンケルと瓜二つのために兵士たちから勘違いされて壇上に立つことになってしまった床屋が、民主主義の理想を訴える演説のシーンはあまりにも有名です。

この映画はナチスがポーランドに侵攻した１９３９年９月から１９４０年３

月にかけてアメリカで制作されました。映画ラストの演説はヒトラー率いるナチスがパリに進軍した正にその日に撮影されたと言われています。つまり、ある意味本物の「リアルタイム」だったのです。当時まだ中立だったアメリカではヒトラーを評価する意見も多く、チャップリンには多方面から圧力がかかりました。それに屈することなく、チャップリンはたった一人で警鐘を鳴らして全盛期のヒトラーに立ち向かったのです。

チャップリンの信念に思いを馳せながらラスト6分間の演説に耳を傾けていると胸に熱いものが込み上げて、私は涙を流しました。すると娘がやや不満げに言いました。

「一緒に同じ映画を観たのに、ワタシはママみたいに心が震えない。どうして?」

私は娘の肩を抱き寄せて答えました。

「近現代史には私たちの両親や祖父母やそのまた両親から語り継がれてきたそれぞれの人生が投影されているんだ。だから、次は私が両親や祖父母から聞かされてきた戦争の話をこうして子の世代に伝えようとしているわけ」

娘は頷きながらも今一つ真意を掴みかねている様子で言いました。

「それは分かるけど、あの演説のどこがそんなに泣けるの？」

なかなか尤もな質問です。私は言葉を選んで説明しました。

「今を生きる10代の若者が映画の背景を知らずにチャップリンの演説を聴いても、すべての民の尊重されるべき人権と民主主義の理想、つまり当たり前のことを語っているに過ぎないと思っちゃうでしょ。重要なのは、その当たり前のことを言うために命を懸けなければならない時代があったということ。チャップリンはあの演説を文字通り命がけで撮ったと思うと私は泣けた」

そして、少し間をおいてから続けました。

「それほど遠くない昔、日本もそんな国の一つだったことを忘れちゃいけない。正しい戦争なんてない、二度と繰り返してはいけないんだ。ダッキーが『近頃の世相は戦争に突き進んでいたあの頃に似ている』って言っていた」

すると娘は何か感じるものがあったらしく、笑顔になって言いました。

「だから、ママはいつも、自分を信じろ、少数派になることを恐れるなって言うんだね」

私も笑みを返して応えました。

「そのとおり。ただし、これは私じゃなくて亡くなった筑紫哲也氏の言葉だったと思う」

そして、もし筑紫氏が今の日本の現状を知ったとしたら、生粋のジャーナリストとして何を語るか、ぜひ聞いてみたいものだと思いました。

2019年の終わり頃、大学入試センター試験に替わる共通テストで入試改革の目玉と謳《うた》われた民間の英語試験導入が延期され、続いて国語と数学の記述式試験も白紙に戻されることになりました。小学校から英語を教えればグローバルな人間が育つと短絡的に考え、高校の国語の教科書から深い思考が求められる文学作品を排除しようとする文科省に、大学入試の根本改革などできるのか甚だ疑問です。このままでは優秀な学生や研究者だけでなく、優秀な高校生が海外のアカデミアを直接目指して流出するのが現実の問題になるかもしれません。

さて、娘は大学でも素晴らしい仲間に巡り合うことができて、キャンパスライフを謳歌《おうか》していました。私は娘が持っていた昔の電話帳のような分厚い時間割表を見て言いました。

「さすが学問の宝庫のような大学だね。この中から受けたい講義を選ぶの？」

ページをめくっていくと面白そうな講座がいくつも見つかりました。

「新聞・テレビや講演会とかで活躍している先生がいっぱいいる。アンタはタダで聴けていいね。ママが受けたくなっちゃうなぁ」

するとは娘はすまし顔で言いました。

「受けたい講義は時間が重なっちゃうことが多くて意外に苦労するんだよね。でも、とにかく東大という場所はすべての学びの扉がいつでも開いているの。自由に好きなだけ学問できるって素敵なことだよ。世界には学校に行かせてもらえない子だっているのだから」

それから少し照れたような笑みを浮かべて言いました。

「高校の頃は周りの子が東大目指して必死に頑張ってるのがちょっとバカみたいだと思っていた。だけど、今は東大が好きだよ、事務はイマイチだけどね」

3年生からの進路を決める通称「進振り」で、娘は世界の紛争地域に生きる人々を助ける仕事に就きたいと考えて、試験をクリアーし、国際法や国際関係論を学ぶコースに入りました。

一見、順風満帆のようですが、娘は何かモヤモヤを抱えているようでした。そしてある日、独り言のように呟きました。

「国内のすぐ近くに助けが必要な子供たちがいるかもしれないのに、私は他国の難民の子供たちを救う仕事をしてもいいのだろうか……」

この頃、救えたはずの小さな命が失われた虐待事件や、貧困家庭の深刻な問題が国内ニュースで頻繁に報じられていました。親を信じて頼ることしか知らない幼い命がその親によって奪われた悲劇を目の当たりにして、娘の信念に初めて揺らぎが生じたのです。

私は娘が人並みに恋愛や就職で悩むことは予想していましたが、まさか「難民を助けるために海外の紛争地に行っていたら、東京で虐待を受けている子供たちを見捨てることにならないか？」の問答にはまってしまうとは考えていませんでした。国内で危機的状態にある子供たちと、外国で戦火にさらされている子供たちの「どちらを助けに行くか」は限りなく深い問いです。それは、すべての命が等しく尊く儚《はかな》いことを知る人心が抱く普遍的なテーマであって正解はありません。

私は娘の呟きを聞き流して何も言いませんでした。その答えは娘自身が導き出さなければならないからです。

その年の師走の気配が漂い始めた頃、長年にわたりアフガニスタンで人道支援をおこなってきた、ペシャワール会の中村医師が銃弾に倒れたニュースが飛び込んできました。中村医師は飢えや渇きに苦しむ人々を医薬品で救うことは困難であると語って、自ら重機を操作して水路を作り、干ばつで荒れ果てた大地に緑を蘇らせました。関連報道の中に、中村医師の座右の銘として天台宗の開祖である最澄の「一隅を照らす」という言葉が紹介されていました。

以前から中村医師を尊敬していた娘は、その命が突然奪われたことに大変な衝撃を受けた様子でした。彼女は食い入るようにテレビ画面を見つめていました。

数日後、娘は言いました。

「ワタシ、やっぱりいつかは紛争で破壊された街を再建する仕事がしたい。でも、学生の自分にできることには限りがあるのだから、焦らないで、今在る場所でベストを尽くすことにした。勉強、頑張るよ」

私は笑って応えました。

「若いんだから、何でもやってみたらいい。アンタが地球上の何処でどんな仕事に就こうと、ママは応援してるから」

中村医師の死を知った娘が心変わりしてもおかしくないと私は考えていまし

たが、幼い頃に思い描いた「人の役に立ちたい」の原点に戻った彼女の表情は晴れやかでした。娘は「一隅を照らす」という言葉が伝えるメッセージの中に答えを見つけたのかもしれません。私は心の中で親の本音をそっと呟きました。

『でもね、絶対にママより先に死んじゃ嫌だよ』

羽ばたく日はきっとくる

２０１９年夏、娘は外務省のインターンシップに応募し、英語とフランス語ができることを買われて本人の希望どおりアフリカ担当になりました。インターン期間中にＴＩＣＡＤ（アフリカ開発会議）が横浜で開催され、娘は会議の裏方を務める外務省職員のお手伝いをするとのことでした。裏方仕事は会議の内容に関わる専門的なものから、出席者の車の手配や会場案内に至るまで多岐にわたっていました。現場で万が一ハプニングが起こって段取りどおりに運ばなくても、力業でスケジュール管理を保持する官僚の凄さを娘は目の当たりにしました。

「会議が無事に進行するように全員が団結して頑張っていてね、寝る暇がなくても愚痴る人とかいないんだよ。みんなこの仕事が好きなんだなって思った。

だから、外務省は他の省より離職率が低いんだって」

娘は外務省の皆さんから戦力として認めてもらえたことがよほど嬉しかったらしく、嬉々として霞が関と横浜に通いました。手伝いの仕事は午後5時までの約束でしたが、娘は自分から志願して会議場があるホテルで終電間際まで職員の手伝いを続けました。仲間意識を持てる喜びがあるから、どんな雑用も苦ではなかったようです。また、語学力を活かして案内係をさせてもらったこともあったそうです。

「国際会議の裏方をして発見したんだけど、一流のホテルマンはすごいよ。周囲への目配り気配りが半端なくて超人的……ワタシにはとても無理だわ。色々教えてもらっちゃった」

娘はその日あったことを楽しそうに話してくれました。頭の中には外務省官僚となっている自分の姿が描かれているようでした。ところが、その未来予想図に暗雲が立ち込めようとしていることを娘はまだ知る由《よし》もなかったのです。

それは2020年、日本中を巻き込んだ新型コロナ感染拡大という落とし穴でした。春に行われるはずだった人事院の国家公務員試験が複数回延期されて夏になり、さらに官庁訪問（面接）は急遽リモートに変更されたのです。娘はオンライン面接の練習をほとんどしていませんでした。

人事院の国家公務員総合職試験に向けて、娘は猛勉強していました。本人曰く、大学受験の時よりも頑張ったそうです。しかし、人事院の試験が再三延期されたために、1回目のオンライン面接を先に受けることになりました。その結果、なんと1回目で外務省不合格と宣告されてしまったのです。事実上の門前払いです。

娘は目に涙を浮かべて言いました。

「外務省ダメだった。ワタシを今年採用することはないって言われちゃった」

公務員試験の段取りを知らない私は話について行かれず、訊き返しました。

「人事院の公務員試験をまだ受けてないのに、『お前は要らない』って言われた？　面接中に肘ついて鼻くそほじったわけでもあるまいし、ありえないでしょ。ホントの話なの？」

娘は微かに頷きました。　私は納得がいかず、早口になって言いました。

「面接の相手は一人だったんでしょ、1回目で何人落とすか最初から決まっていたに違いないよ。志望動機とか聞いたくらいで、適任かどうか判断できるわけがない。アンタは運悪く落とされるリストに入っただけだ」

しかし、娘は私の言葉には反応せず、静かな声で言いました。

「インターンシップの時、現場で働く人たちがワタシのことを認めてくれて『外務省においで、待ってるよ』って言ってくれた。ワタシもすごく嬉しくて、自分でも外務省に入省できるつもりになっていた。でも、きっと勘違いだったんだ。面接で対面した人は上から目線でとても冷たくて嫌な感じだった」

それから窓の外をぼんやり眺めながら呟きました。

「ワタシ、今まで何のために頑張ってきたのか、分からなくなっちゃった。なんで国際法や国際関係論を一生懸命勉強してきたんだろう……」

こうして、外務省には入れないという深い絶望感を抱いたまま、娘は人事院の試験を受けたのです。放り出さずに受験しただけでも立派なものだと私は誇らしく思いました。そして、皮肉なことに、娘は国家公務員総合職試験に好成績で合格したのでした。

人事院の試験に合格すると、各省庁にチャレンジする権利が3年間保たれます。その後、少しずつ明るさを取り戻した娘は再挑戦の準備を始めました。勝負勘があった幼い頃はタイミング良く「はったり」をかませるのが得意な子でした。蛇足ですが、その時期はくじ運も抜群で、温泉一泊旅行やTDL無料招待券などを引き当てたものでした。ところが今では自分を売り込むことが大の苦手なのです。娘はたとえどんな半端仕事でも不平不満をもらすことなく、全体像を重視して最善を尽くせることが自分の持ち味であると考えています。それなのに、心配になるくらい控えめなので自信がないように見えてしまうのです。

面接は平等に一発勝負です。娘には一番欠けている自己PRの練習が必要と思われました。成長に伴って失われていった自己肯定感を取り戻さなければなりません。

　翌年の試験が近づく頃、娘は精力的に出入国在留管理に関する資料を読み漁っていました。

「外務省よりも入管庁の方がワタシに向いていると思うんだ。前時代的な慣習を改める法案の策定にかかわることができれば、難民認定や施設収容者の人権の問題を正すことができるかもしれないから。でも、もろ批判的なことを面接で言うわけにもいかないから気を付けなくちゃ」

　折しも世間では入管の収容施設で亡くなったスリランカ女性の報道がなされ、人権問題に疎い入管庁の姿勢が批判されていました。自分の学んできた知識が必ず活かせると確信した娘の瞳が再び輝くようになりました。こうして、入管庁を第一志望、厚労省を第二志望として再チャレンジすることになったのです。厚労省を志望したのは虐待や貧困の問題に取り組みたい気持ちも捨てがたかったからです。娘と私は今度こそ合格するものと信じて疑いませんでした。

　しかし、結果は非情にも不合格でした。厚労省の方は最終の直前まで残ることができたのですが、やはり不合格になりました。燃え尽きてしまったようにうなだれる娘にかける言葉は見つかりませんでした。

娘は文字どおり生まれて初めての挫折を味わうことになりました。これまであまりにも順調にきてしまったので、本人のために試練が与えられたと考えるべきなのかもしれません。ただ、そんなきれいごとは何処かに吹っ飛んでしまいそうなほど、どうしようもなく理不尽に思えて、失望と怒りが私の胸に渦巻いていました。こんなにも誠実で、出世や金儲けには興味なく、ただひたすら国民のために働きたいという望みが叶えられないのは間違っています。私がそれを口に出すと、娘は力なく少し笑って言いました。

「そういうのを『親バカ』って言うんだよ」

それから、娘はリビングの床でふて寝を始めてしまいました。私は何も言わずに枕を持ってきて、彼女が幼かった頃のように添い寝をしました。1時間ほど経ってから、娘が小さな声で言いました。

「ママ、ありがとう」

こうして私の子育て実験は終了しました。幼少期の環境が好奇心や共感力を育み、小学校卒業までには持続的な向学心が決定されるという私の仮説は証明されたものと思われます。しかし、その先に続く娘の人生が果たして「幸せ」なのかと思いを馳せた時、単に実験は成功だったと言い切ることのできない母としての寂寥感《せきりょうかん》が残ります。

今後、娘が官僚への再々チャレンジをするのか、方向転換して民間会社を目指した就活をするのか、私には分かりません。娘は自らの存在価値を求めて現在地を漂流しているように見えます。私は青い鳥がすぐ近くにいるかもしれないことを教え忘れたのでしょうか。客観性を重視しているつもりで、実は子育ての持論にのめり込んでいたようです。これからは少し離れて、一人の若者の選択を見守ることにいたしましょう。

おわりに

40代半ばで出産に臨んだ時、頭を過ったのは染色体異常の確率でした。年齢が高くなるほどダウン症などの発現率が上がることは周知の事実です。当時は血液検査での判定方法（出生前診断）が確立されていませんでしたから、私は羊水検査を受けました。「異常なし」の結果を見てホッとしたことをよく覚えています。

近頃、出生前に胎児の染色体異常の可能性を指摘されると赤ちゃんを諦める人が多いという報道に接し、思い出すことがあります。それは、もしもあの時、胎児に異常があるという結果だったら、私は娘を産んだだろうかという問いです。年齢的に限界に近い私にとって「次」はないのですから……。私に命の選択ができただろうかと考えずにはいられませんでした。

しかし、70歳に近づいた今、私は一つの答えを見つけたように思います。それは、たとえ子供が何らかのハンディキャップを持って生まれたとしても、子育ての醍醐味《だいごみ》は何も変わらないということです。普通よりも大変になるに決まっているではないかという意見もあるでしょう。批判を恐れずに反論するならば、個体の成長のスピードや発達の程度は千差万別であって、日々の進歩を目撃できることが歓びなのだと私には思えるのです。

何故そんなことが言えるのかを説明します。本編にはあえて描きませんでしたが、10年以上続いた両親の在宅介護は言葉には表せないほど果てしない道のりでした。同時に子育てするのはしんどかっただろうと思われるでしょうが、私は成長していく娘とのコミュニケーションが楽しかったから頑張れたのです。他の子と比較してどうのこうのは考えませんでした。心が潰れるほど無理をして我慢しなくてよいのだと、娘が私に気付かせてくれたのです。こうして、涙あり笑いありの開放された環境が私を救ってくれたことは間違いありません。

子育て実験と銘打っていましたが、実は娘と私の二人三脚だった、と言うよりも私自身の成長物語でもあったのです。今では「どんな子供だって生まれてきてくれたことが幸せなんだ。だから大丈夫だよ」と、あの時の私に言ってあげたいと思っています。

最後に、私たち母娘をずっと応援してくれている人物についてお話しします。それは、娘が通っていた小学校に副校長として2年ほどいらした神林照道先生です。私が自己流の教育方法を貫くことができたのは、神林先生が人生の先輩として私の話に耳を傾けてくださったからだと思っています。印象的だったのは「子供は好奇心を持ち、気付き、理解し、納得します。それを粘り強く待つことが最も大切」との言葉です。これは先生が初等教育の神髄を語ってくださったものと私は考えています。日々の生活に追われて忙しい大人は「待つ」を「時間の無駄」と同義と捉えて嫌いますが、「待つ」は親と子の双方にとって大事な時間であって、けっして無駄ではないのです。

大卒後の進路を見失って迷っている娘に、先生は今もエールを送ってくださいます。

「自ら道を切り開く時はきっとくる」と、言葉を贈ってくださる先生に心から感謝しています。

おわり

著者プロフィール

岡 桃枝（おか ももえ）

1955年生まれ、歯科医師、歯学博士。

埼玉県在住。

ためしてみたら東大合格

ウソみたいなホントの成長記録

2022年12月15日　初版第１刷発行

著　者　岡 桃枝

発行者　瓜谷 綱延

発行所　株式会社文芸社

〒160-0022　東京都新宿区新宿１－10－１

電話　03-5369-3060（代表）

03-5369-2299（販売）

印刷所　株式会社暁印刷

ISBN978-4-286-26012-9